Sebastian Meschenmoser bei Esslinger:

Herr Eichhorn und der Mond
Herr Eichhorn und der erste Schnee
Fliegen lernen
3 Wünsche für Mopsmann

2. Auflage 2010

Anschrift: Postfach 10 03 25, 73703 Esslingen
www. esslinger-verlag.de

ISBN 978-3-480-22544-6

Herr Eichhorn weiß den Weg zum Glück

esslinger

Eines Morgens erwachte Herr Eichhorn
und alles war **anders**!

Warum war auf einmal alles bunt?

Wie konnte das sein?

Es ist **Frühling!**, rief der Bär.

Lasst uns in der Sonne liegen,
durch die Wiesen kugeln
und uns die Bäuche vollschlagen!

Nur der Igel hatte keinen Appetit.

Er war unten am Teich gewesen ...
Dort hatte er sie gesehen ...

... die wunderschöne Igelin!

Dann war er weggelaufen!

Gut, dass Herr Eichhorn da war, um dem Igel zu helfen.

Das Herz einer Igelin zu erobern ist nicht einfach,
dachte Herr Eichhorn.
Am besten, man ist allseits bekannt, tapfer und mutig,
hat sich Ruhm und Ehre verdient.

Um Ruhm und Ehre zu erlangen, musste man natürlich viele gefährliche Zweikämpfe bestehen.

Das war eine **ziemlich gute Idee,**
fand Herr Eichhorn.

Doch wer gefährliche Zweikämpfe bestehen will, muss allerdings auch selbst gefährlich aussehen!

Weil Herr Eichhorn ein guter Freund war, wollte er dem Igel bei dem gefährlichen Zweikampf beistehen.

Aber erstmal mussten sie einen geeigneten Gegner finden.

Das hatte sich Herr Eichhorn anders vorgestellt …

Sie brauchten einen Gegner, der mindestens genauso mutig war wie sie. Einen großen, starken.

Das gefährlichste Tier im ganzen Wald!

Nachdem sich der Bär ordentlich satt gefressen hatte, fiel ihm ein, dass er seine beiden Freunde erstaunlich lange nicht mehr gesehen hatte.

Wo steckten die beiden bloß?

Ob sie sich verlaufen hatten?

Oder in Schwierigkeiten waren?

Von all dem Nachdenken und dem Frühlingsfrühstück
wurde der Bär langsam müde ...

... und er beschloss, ein wenig zu schlafen.

Der Bär würde es ihnen bestimmt nicht übel nehmen,
dass sie ihn besiegt hatten und sich gewiss bald erholen.

Jetzt, wo der Igel Ruhm und Ehre erlangt hatte,
konnte man der Igelin zum Beispiel
einige Blumen bringen.

Das kann jedem mal passieren, meinte die Ente.

Schließlich hat der Frühling gerade erst angefangen.